Uta Streit · Fritz Jansen

Mathe lernen 2 nach dem IntraActPlus-Konzept

Rechnen lernen in Klasse 2 – Heft 3: Subtraktion im Zahlenraum bis 100 – auch für Förderschule und Dyskalkulie-Therapie

Uta Streit
IntraActPlus GbR
Neuried, Deutschland

Fritz Jansen
IntraActPlus GbR
Neuried, Deutschland

ISBN 978-3-662-68250-0

Die Deutsche Nationalbibliothek verzeichnet diese Publikation in der Deutschen Nationalbibliografie; detaillierte bibliografische Daten sind im Internet über ▶ http://dnb.d-nb.de abrufbar.

© Der/die Herausgeber bzw. der/die Autor(en), exklusiv lizenziert an Springer-Verlag GmbH, DE, ein Teil von Springer Nature 2024

Das Werk einschließlich aller seiner Teile ist urheberrechtlich geschützt. Jede Verwertung, die nicht ausdrücklich vom Urheberrechtsgesetz zugelassen ist, bedarf der vorherigen Zustimmung des Verlags. Das gilt insbesondere für Vervielfältigungen, Bearbeitungen, Mikroverfilmungen und die Einspeicherung und Verarbeitung in elektronischen Systemen.
Die Wiedergabe von allgemein beschreibenden Bezeichnungen, Marken, Unternehmensnamen etc. in diesem Werk bedeutet nicht, dass diese frei durch jedermann benutzt werden dürfen. Die Berechtigung zur Benutzung unterliegt, auch ohne gesonderten Hinweis hierzu, den Regeln des Markenrechts. Die Rechte des jeweiligen Zeicheninhabers sind zu beachten.
Der Verlag, die Autoren und die Herausgeber gehen davon aus, dass die Angaben und Informationen in diesem Werk zum Zeitpunkt der Veröffentlichung vollständig und korrekt sind. Weder der Verlag noch die Autoren oder die Herausgeber übernehmen, ausdrücklich oder implizit, Gewähr für den Inhalt des Werkes, etwaige Fehler oder Äußerungen. Der Verlag bleibt im Hinblick auf geografische Zuordnungen und Gebietsbezeichnungen in veröffentlichten Karten und Institutionsadressen neutral.

Einbandabbildung: © kaganskaya115 / Stock.adobe.com, © Svitlana / Stock.adobe.com, © Nanci / Stock.adobe.com
Gestaltung/Layout: Matthias Heid, Neuried

Planung/Lektorat: Joachim Coch
Springer ist ein Imprint der eingetragenen Gesellschaft Springer-Verlag GmbH, DE und ist ein Teil von Springer Nature.
Die Anschrift der Gesellschaft ist: Heidelberger Platz 3, 14197 Berlin, Germany

Das Papier dieses Produkts ist recyclebar.

Printed in Italy by Printer Trento S.r.l.

Hilfestellungen für das Üben

Seiten „Decke die graue Spalte ab und übe!"

Decke die graue Spalte ab und übe!	
21 – 1 = 20	59 – 1 = 58
24 – 1 = 23	60 – 1 = 59
29 – 1 = 28	69 – 1 = 68
30 – 1 = 29	70 – 1 = 69
31 – 1 = 30	74 – 1 = 73
39 – 1 = 38	76 – 1 = 75
40 – 1 = 39	80 – 1 = 79
42 – 1 = 41	90 – 1 = 89
47 – 1 = 46	100 – 1 = 99
50 – 1 = 49	94 – 1 = 93
54 – 1 = 53	90 – 1 = 89
56 – 1 = 55	100 – 1 = 99

Die graue Spalte mit den Ergebnissen wird mit einem Blatt Papier abgedeckt. Das Kind rechnet die erste Aufgabe. Dann wird das Abdeckblatt eine Zeile nach unten geschoben und geprüft, ob die Lösung stimmt. Nun wird die nächste Aufgabe gerechnet und geprüft usw. Eine Spalte mit Aufgaben wird so oft wiederholt, bis die Aufgaben mühelos und sicher gelöst werden.

Seiten „Falte – rechne – falte zurück – prüfe!"

Falte – rechne – falte zurück – prüfe!	
24 – 2 = ____	22
56 – 2 = ____	54
47 – 2 = ____	45
39 – 2 = ____	37
50 – 2 = ____	48
83 – 2 = ____	81
68 – 2 = ____	66
75 – 2 = ____	73
100 – 2 = ____	98
98 – 2 = ____	96
96 – 2 = ____	94
89 – 2 = ____	87
65 – 2 = ____	63
47 – 2 = ____	45

Diese Seiten dienen der Kontrolle, ob die geübten Aufgaben sicher beherrscht werden. Die Seite wird an der gestrichelten Linie nach hinten gefaltet. Das Kind rechnet die Aufgaben. Dann wird die Seite wieder aufgefaltet, um die Lösungen zu prüfen. Die Aufgaben sollen nicht mit den Fingern oder über Zählen gelöst werden. Stattdessen soll gespeichertes Wissen (z. B. »5 – 2 = 3« oder »11 – 2 = 9«) auf den höheren Zahlenraum übertragen werden.

Übungsseiten „Lerne links wie es geht – wiederhole rechts!"

Besprechen Sie mit dem Kind jeweils eine Aufgabe auf der linken Seite. Dann soll das Kind genau die gleiche Aufgabe auf der rechten Seite noch einmal selbst lösen.

Hintergrund: Grundlegende Rechenwege – wie hier die Subtraktion zweistelliger Zahlen – sollten automatisiert werden. Dadurch werden sie mühelos und sicher. Das bewusste Denken wird nicht mehr dafür benötigt, zu überlegen, wie zwei Zahlen subtrahiert werden und wird damit für höhere mathematische Inhalte frei.

Automatisierung kann nur erreicht werden, wenn ein bestimmter Verarbeitungsprozess sehr oft wiederholt und immer wieder in gleicher Weise ausgeführt wird. Um das Subtrahieren von mehrstelligen Zahlen zu automatisieren, ist es deshalb wichtig, immer nach dem gleichen Ablauf vorzugehen. Wir haben uns hier für den Weg entschieden, zuerst die Zehner und dann die Einer zu subtrahieren.

Sachaufgaben

Auch Sachaufgaben übt man am besten, indem man sie öfters wiederholt. Dadurch speichern die Kinder die unterschiedlichen sprachlichen Formulierungen und die damit zusammenhängenden Rechenwege immer besser ab, sodass sie später auch in komplexeren Zusammenhängen abgerufen werden können.

Wenn Ihr Kind sich mit einer Sachaufgabe schwertut, können Sie so vorgehen:
– Das Kind liest die Aufgabe.
– Sie erklären ganz langsam, wie die Aufgabe gelöst wird. Das Kind schreibt die erforderliche Rechnung auf ein Blatt. Wenn es damit noch überfordert ist, dürfen Sie am Anfang die Rechnung auch diktieren. Über das Wiederholen der gleichen Aufgaben wird das Kind dann allmählich immer schneller selbst den erforderlichen Rechenweg finden.
– Sie decken die Rechnung, die jetzt auf dem Blatt steht, zu.
– Das Kind liest die Aufgabe erneut.
– Es schreibt die Rechnung erneut auf ein Blatt.

Am nächsten Tag könnten Sie genau diese Aufgabe noch einmal wiederholen. Der Antwortsatz braucht nicht immer geschrieben zu werden. Es reicht, wenn das Kind ihn mündlich formuliert.

Die Balken über den Aufgaben zeigen die jeweilige Lernstufe an.

Grau	Verstehen und erstes Speichern
Grün	Speichern und Automatisieren
Blau	flexibles Anwenden

Einer ohne Zehnerübergang

Decke die graue Spalte ab und übe!

21 – 1 =	20
24 – 1 =	23
29 – 1 =	28
30 – 1 =	29
31 – 1 =	30
39 – 1 =	38
40 – 1 =	39
42 – 1 =	41
47 – 1 =	46
50 – 1 =	49
54 – 1 =	53
56 – 1 =	55

59 – 1 =	58
60 – 1 =	59
69 – 1 =	68
70 – 1 =	69
74 – 1 =	73
76 – 1 =	75
80 – 1 =	79
90 – 1 =	89
100 – 1 =	99
94 – 1 =	93
90 – 1 =	89
100 – 1 =	99

Einer ohne Zehnerübergang

Decke die graue Spalte ab und übe!

3 − 2 =	1
23 − 2 =	21
53 − 2 =	51
63 − 2 =	61
4 − 2 =	2
34 − 2 =	32
54 − 2 =	52
74 − 2 =	72
5 − 2 =	3
45 − 2 =	43
45 − 2 =	43
65 − 2 =	63

13 − 2 =	11
63 − 2 =	61
44 − 2 =	42
75 − 2 =	73
83 − 2 =	81
35 − 2 =	33
93 − 2 =	91
14 − 2 =	12
55 − 2 =	53
84 − 2 =	82
94 − 2 =	92
85 − 2 =	83

Einer ohne Zehnerübergang

Decke die graue Spalte ab und übe!

6 − 2 =	4
26 − 2 =	24
56 − 2 =	54
46 − 2 =	44
96 − 2 =	94
76 − 2 =	74
7 − 2 =	5
37 − 2 =	35
87 − 2 =	85
67 − 2 =	65
27 − 2 =	25
57 − 2 =	55

16 − 2 =	14
87 − 2 =	85
27 − 2 =	25
96 − 2 =	94
46 − 2 =	44
17 − 2 =	15
56 − 2 =	54
77 − 2 =	75
96 − 2 =	94
37 − 2 =	35
66 − 2 =	64
27 − 2 =	25

Einer ohne Zehnerübergang

Decke die graue Spalte ab und übe!

8 − 2 =	6		89 − 2 =	87
38 − 2 =	36		28 − 2 =	26
58 − 2 =	56		59 − 2 =	57
98 − 2 =	96		88 − 2 =	86
48 − 2 =	46		19 − 2 =	17
78 − 2 =	76		38 − 2 =	36
9 − 2 =	7		18 − 2 =	16
29 − 2 =	27		69 − 2 =	67
49 − 2 =	47		58 − 2 =	56
69 − 2 =	67		99 − 2 =	97
99 − 2 =	97		68 − 2 =	66
39 − 2 =	37		29 − 2 =	27

Einer ohne Zehnerübergang

Decke die graue Spalte ab und übe!

10 − 2 =	8
20 − 2 =	18
40 − 2 =	38
30 − 2 =	28
60 − 2 =	58
80 − 2 =	78
49 − 2 =	47
50 − 2 =	48
90 − 2 =	88
89 − 2 =	87
99 − 2 =	97
100 − 2 =	98

56 − 2 =	54
74 − 2 =	72
93 − 2 =	91
68 − 2 =	66
45 − 2 =	43
97 − 2 =	95
88 − 2 =	86
96 − 2 =	94
34 − 2 =	32
75 − 2 =	73
59 − 2 =	57
87 − 2 =	85

Einer ohne Zehnerübergang

Decke die graue Spalte ab und übe!

80 − 2 =	78		48 − 2 =	46
60 − 1 =	59		47 − 1 =	46
50 − 2 =	48		57 − 2 =	55
90 − 2 =	88		58 − 1 =	57
49 − 2 =	47		35 − 2 =	33
38 − 2 =	36		26 − 2 =	24
94 − 1 =	93		25 − 1 =	24
70 − 2 =	68		69 − 2 =	67
40 − 1 =	39		97 − 1 =	96
87 − 2 =	85		80 − 2 =	78
99 − 1 =	98		78 − 1 =	77
36 − 2 =	34		74 − 2 =	72

Einer ohne Zehnerübergang

Falte – rechne – falte zurück – prüfe!

Faltlinie

24 − 2 = ____   22

56 − 2 = ____   54

47 − 2 = ____   45

39 − 2 = ____   37

50 − 2 = ____   48

83 − 2 = ____   81

68 − 2 = ____   66

75 − 2 = ____   73

100 − 2 = ____   98

98 − 2 = ____   96

96 − 2 = ____   94

89 − 2 = ____   87

65 − 2 = ____   63

47 − 2 = ____   45

Einer ohne Zehnerübergang

Falte – rechne – falte zurück – prüfe!

Faltlinie

97 – 2 = _____   95

48 – 2 = _____   46

47 – 1 = _____   46

70 – 1 = _____   69

70 – 2 = _____   68

46 – 2 = _____   44

45 – 1 = _____   44

59 – 2 = _____   57

64 – 2 = _____   62

75 – 1 = _____   74

85 – 2 = _____   83

63 – 1 = _____   62

40 – 2 = _____   38

100 – 2 = _____   98

Einer ohne Zehnerübergang

Decke die graue Spalte ab und übe!

4 − 3 =	1
44 − 3 =	41
94 − 3 =	91
64 − 3 =	61
84 − 3 =	81
54 − 3 =	51
5 − 3 =	2
25 − 3 =	22
95 − 3 =	92
35 − 3 =	32
55 − 3 =	52
75 − 3 =	72

14 − 3 =	11
85 − 3 =	82
24 − 3 =	21
74 − 3 =	71
15 − 3 =	12
65 − 3 =	62
34 − 3 =	31
44 − 3 =	41
65 − 3 =	62
45 − 3 =	42
55 − 3 =	52
94 − 3 =	91

Einer ohne Zehnerübergang

Decke die graue Spalte ab und übe!

6 − 3 =	3
26 − 3 =	23
46 − 3 =	43
66 − 3 =	63
86 − 3 =	83
96 − 3 =	93
7 − 3 =	4
37 − 3 =	34
57 − 3 =	54
67 − 3 =	64
77 − 3 =	74
97 − 3 =	94

27 − 3 =	24
36 − 3 =	33
47 − 3 =	44
66 − 3 =	63
46 − 3 =	43
87 − 3 =	84
56 − 3 =	53
97 − 3 =	94
17 − 3 =	14
76 − 3 =	73
96 − 3 =	93
67 − 3 =	64

Einer ohne Zehnerübergang

Decke die graue Spalte ab und übe!

8 − 3 =	5
28 − 3 =	25
48 − 3 =	45
38 − 3 =	35
98 − 3 =	95
78 − 3 =	75
9 − 3 =	6
39 − 3 =	36
59 − 3 =	56
99 − 3 =	96
49 − 3 =	46
79 − 3 =	76

58 − 3 =	55
29 − 3 =	26
68 − 3 =	65
69 − 3 =	66
88 − 3 =	85
78 − 3 =	75
89 − 3 =	86
49 − 3 =	46
98 − 3 =	95
79 − 3 =	76
18 − 3 =	15
99 − 3 =	96

Einer ohne Zehnerübergang

Decke die graue Spalte ab und übe!

10 − 3 =	7
20 − 3 =	17
30 − 3 =	27
50 − 3 =	47
70 − 3 =	67
90 − 3 =	87
100 − 3 =	97
100 − 2 =	98
80 − 3 =	77
80 − 2 =	78
60 − 3 =	57
40 − 3 =	37

28 − 3 =	25
37 − 3 =	34
29 − 3 =	26
57 − 3 =	54
85 − 3 =	82
38 − 3 =	35
74 − 3 =	71
47 − 3 =	44
96 − 3 =	93
30 − 3 =	27
69 − 3 =	66
100 − 3 =	97

Einer ohne Zehnerübergang

Falte – rechne – falte zurück – prüfe!

Faltlinie

60 − 3 = ____   57

48 − 3 = ____   45

34 − 3 = ____   31

56 − 3 = ____   53

29 − 3 = ____   26

77 − 3 = ____   74

95 − 3 = ____   92

87 − 3 = ____   84

49 − 3 = ____   46

76 − 3 = ____   73

58 − 3 = ____   55

64 − 3 = ____   61

100 − 3 = ____   97

35 − 3 = ____   32

Einer ohne Zehnerübergang

Falte – rechne – falte zurück – prüfe!

Faltlinie

20 − 3 = ____	17
28 − 3 = ____	25
47 − 2 = ____	45
37 − 3 = ____	34
58 − 2 = ____	56
86 − 3 = ____	83
99 − 3 = ____	96
36 − 2 = ____	34
45 − 3 = ____	42
79 − 2 = ____	77
100 − 3 = ____	97
97 − 3 = ____	94
58 − 3 = ____	55
100 − 2 = ____	98

Einer ohne Zehnerübergang

Decke die graue Spalte ab und übe!

5 – 4 =	1
25 – 4 =	21
55 – 4 =	51
85 – 4 =	81
6 – 4 =	2
36 – 4 =	32
56 – 4 =	52
76 – 4 =	72
7 – 4 =	3
27 – 4 =	23
57 – 4 =	53
77 – 4 =	73

26 – 4 =	22
35 – 4 =	31
27 – 4 =	23
47 – 4 =	43
45 – 4 =	41
67 – 4 =	63
46 – 4 =	42
96 – 4 =	92
77 – 4 =	73
66 – 4 =	62
75 – 4 =	71
95 – 4 =	91

Einer ohne Zehnerübergang

Decke die graue Spalte ab und übe!

8 − 4 =	4
38 − 4 =	34
58 − 4 =	54
98 − 4 =	94
9 − 4 =	5
29 − 4 =	25
39 − 4 =	35
99 − 4 =	95
10 − 4 =	6
30 − 4 =	26
40 − 4 =	36
100 − 4 =	96

49 − 4 =	45
48 − 4 =	44
69 − 4 =	65
58 − 4 =	54
100 − 4 =	96
90 − 4 =	86
49 − 4 =	45
88 − 4 =	84
80 − 4 =	76
70 − 4 =	66
68 − 4 =	64
59 − 4 =	55

Einer ohne Zehnerübergang

Decke die graue Spalte ab und übe!

6 – 5 =	1		46 – 5 =	41
36 – 5 =	31		38 – 5 =	33
66 – 5 =	61		56 – 5 =	51
96 – 5 =	91		58 – 5 =	53
7 – 5 =	2		37 – 5 =	32
47 – 5 =	42		86 – 5 =	81
57 – 5 =	52		27 – 5 =	22
87 – 5 =	82		76 – 5 =	71
8 – 5 =	3		47 – 5 =	42
28 – 5 =	23		78 – 5 =	73
58 – 5 =	53		97 – 5 =	92
98 – 5 =	93		96 – 5 =	91

Einer ohne Zehnerübergang

Decke die graue Spalte ab und übe!

9 − 5 =	4
29 − 5 =	24
69 − 5 =	64
89 − 5 =	84
10 − 5 =	5
20 − 5 =	15
40 − 5 =	35
60 − 5 =	55
100 − 5 =	95
99 − 5 =	94
39 − 5 =	34
50 − 5 =	45

37 − 5 =	32
39 − 5 =	34
39 − 4 =	35
28 − 5 =	23
57 − 4 =	53
100 − 5 =	95
26 − 5 =	21
68 − 4 =	64
76 − 4 =	72
89 − 5 =	84
29 − 4 =	25
28 − 5 =	23

Einer ohne Zehnerübergang

Falte – rechne – falte zurück – prüfe!

Faltlinie

35 – 4 = ____ | 31

57 – 4 = ____ | 53

70 – 4 = ____ | 66

48 – 4 = ____ | 44

29 – 4 = ____ | 25

86 – 4 = ____ | 82

100 – 4 = ____ | 96

67 – 5 = ____ | 62

46 – 5 = ____ | 41

78 – 5 = ____ | 73

100 – 5 = ____ | 95

39 – 5 = ____ | 34

77 – 5 = ____ | 72

50 – 5 = ____ | 45

Einer ohne Zehnerübergang

Falte – rechne – falte zurück – prüfe!

Faltlinie

69 – 4 = _____ | 65

59 – 5 = _____ | 54

79 – 3 = _____ | 76

97 – 5 = _____ | 92

26 – 4 = _____ | 22

98 – 5 = _____ | 93

98 – 3 = _____ | 95

48 – 4 = _____ | 44

36 – 5 = _____ | 31

75 – 4 = _____ | 71

67 – 4 = _____ | 63

67 – 3 = _____ | 64

80 – 5 = _____ | 75

80 – 4 = _____ | 76

Einer ohne Zehnerübergang

Decke die graue Spalte ab und übe!

7 − 6 =	1
37 − 6 =	31
87 − 6 =	81
97 − 6 =	91
8 − 6 =	2
28 − 6 =	22
48 − 6 =	42
78 − 6 =	72
9 − 6 =	3
29 − 6 =	23
49 − 6 =	43
99 − 6 =	93

29 − 6 =	23
48 − 6 =	42
39 − 6 =	33
57 − 6 =	51
78 − 6 =	72
87 − 6 =	81
59 − 6 =	53
67 − 6 =	61
98 − 6 =	92
79 − 6 =	73
88 − 6 =	82
27 − 6 =	21

Einer ohne Zehnerübergang

Decke die graue Spalte ab und übe!

10 − 6 =	4
30 − 6 =	24
50 − 6 =	44
70 − 6 =	64
69 − 6 =	63
47 − 6 =	41
100 − 6 =	94
28 − 6 =	22
97 − 6 =	91
68 − 6 =	62
100 − 6 =	94
36 − 6 =	30

28 − 5 =	23
28 − 6 =	22
100 − 6 =	94
100 − 5 =	95
29 − 5 =	24
69 − 6 =	63
70 − 6 =	64
47 − 5 =	42
80 − 5 =	75
90 − 6 =	84
99 − 5 =	94
78 − 6 =	72

Decke die graue Spalte ab und übe!

8 − 7 =	1
48 − 7 =	41
58 − 7 =	51
68 − 7 =	61
9 − 7 =	2
59 − 7 =	52
79 − 7 =	72
99 − 7 =	92
10 − 7 =	3
50 − 7 =	43
60 − 7 =	53
100 − 7 =	93

78 − 7 =	71
99 − 7 =	92
70 − 7 =	63
28 − 7 =	21
89 − 7 =	82
90 − 7 =	83
100 − 7 =	93
39 − 7 =	32
98 − 7 =	91
89 − 7 =	82
40 − 7 =	33
47 − 7 =	40

Einer ohne Zehnerübergang

Decke die graue Spalte ab und übe!

9 − 8 =	1
39 − 8 =	31
49 − 8 =	41
79 − 8 =	71
10 − 8 =	2
20 − 8 =	12
40 − 8 =	32
100 − 8 =	92
10 − 9 =	1
30 − 9 =	21
50 − 9 =	41
100 − 9 =	91

38 − 7 =	31
100 − 8 =	92
69 − 7 =	62
70 − 9 =	61
28 − 8 =	20
49 − 8 =	41
99 − 7 =	92
60 − 9 =	51
50 − 7 =	43
40 − 8 =	32
100 − 7 =	93
80 − 9 =	71

Einer ohne Zehnerübergang

Falte – rechne – falte zurück – prüfe!

Faltlinie

48 – 7 = _____   41

50 – 7 = _____   43

29 – 8 = _____   21

30 – 8 = _____   22

69 – 7 = _____   62

98 – 7 = _____   91

40 – 9 = _____   31

70 – 7 = _____   63

29 – 7 = _____   22

100 – 9 = _____   91

100 – 7 = _____   93

90 – 8 = _____   82

49 – 7 = _____   42

99 – 8 = _____   91

Einer ohne Zehnerübergang

Falte – rechne – falte zurück – prüfe!

Faltlinie

48 − 3 = ____   45

37 − 3 = ____   34

29 − 4 = ____   25

29 − 7 = ____   22

29 − 5 = ____   24

49 − 3 = ____   46

59 − 6 = ____   53

28 − 6 = ____   22

59 − 7 = ____   52

58 − 3 = ____   55

69 − 5 = ____   64

27 − 3 = ____   24

39 − 4 = ____   35

28 − 3 = ____   25

Rechenketten

Einer ohne Zehnerübergang

| 50 | −2 | | −2 | | −2 | | −2 | | −2 | 40 |

| 38 | −2 | | −2 | | −2 | | −2 | | −2 | 28 |

| 26 | −2 | | −2 | | −2 | | −2 | | −2 | 16 |

| 14 | −2 | | −2 | | −2 | | −2 | | −2 | 4 |

| 100 | −5 | | −5 | | −5 | | −5 | | −5 | 75 |

| 75 | −5 | | −5 | | −5 | | −5 | | −5 | 50 |

| 50 | −5 | | −5 | | −5 | | −5 | | −5 | 25 |

| 25 | −5 | | −5 | | −5 | | −5 | | −5 | 0 |

Einer ohne Zehnerübergang

Rechenketten

| 100 | −2 | | −2 | | −2 | | −2 | | −2 | 90 |

| 88 | −2 | | −2 | | −2 | | −2 | | −2 | 78 |

| 76 | −2 | | −2 | | −2 | | −2 | | −2 | 66 |

| 64 | −2 | | −2 | | −2 | | −2 | | −2 | 54 |

| 70 | −7 | | −3 | | −3 | | −7 | | −3 | 47 |

| 60 | −3 | | −7 | | −7 | | −3 | | −7 | 33 |

| 90 | −6 | | −4 | | −6 | | −4 | | −6 | 64 |

| 80 | −4 | | −6 | | −4 | | −6 | | −4 | 56 |

30

Einer mit Zehnerübergang

Decke die graue Spalte ab und übe!

11 − 2 =	9
21 − 2 =	19
51 − 2 =	49
91 − 2 =	89
11 − 3 =	8
31 − 3 =	28
61 − 3 =	58
71 − 3 =	68
11 − 4 =	7
31 − 4 =	27
51 − 4 =	47
81 − 4 =	77

21 − 2 =	19
21 − 3 =	18
31 − 3 =	28
31 − 4 =	27
51 − 2 =	49
61 − 4 =	57
41 − 3 =	38
91 − 2 =	89
81 − 4 =	77
71 − 2 =	69
61 − 4 =	57
91 − 3 =	88

Einer mit Zehnerübergang

Decke die graue Spalte ab und übe!

11 − 5 =	6		21 − 6 =	15
21 − 5 =	16		51 − 6 =	45
31 − 5 =	26		51 − 5 =	46
51 − 5 =	46		61 − 6 =	55
61 − 5 =	56		31 − 5 =	26
81 − 5 =	76		41 − 6 =	35
11 − 6 =	5		61 − 6 =	55
21 − 6 =	15		71 − 5 =	66
41 − 6 =	35		51 − 6 =	45
51 − 6 =	45		21 − 5 =	16
61 − 6 =	55		61 − 5 =	56
91 − 6 =	85		81 − 5 =	76

Einer mit Zehnerübergang

Decke die graue Spalte ab und übe!

21 − 4 =	17
21 − 6 =	15
31 − 5 =	26
31 − 3 =	28
51 − 6 =	45
61 − 4 =	57
41 − 5 =	36
91 − 2 =	89
81 − 4 =	77
71 − 3 =	68
61 − 5 =	56
91 − 6 =	85

11 − 7 =	4
31 − 7 =	24
51 − 7 =	44
71 − 7 =	64
11 − 8 =	3
21 − 8 =	13
41 − 8 =	33
71 − 8 =	63
11 − 9 =	2
41 − 9 =	32
61 − 9 =	52
91 − 9 =	82

Einer mit Zehnerübergang

Decke die graue Spalte ab und übe!

21 − 8 =	13
51 − 8 =	43
51 − 9 =	42
61 − 7 =	54
31 − 9 =	22
41 − 7 =	34
61 − 8 =	53
71 − 9 =	62
91 − 8 =	83
21 − 7 =	14
81 − 7 =	74
91 − 9 =	82

31 − 4 =	27
51 − 3 =	48
31 − 6 =	25
41 − 8 =	33
21 − 5 =	16
61 − 7 =	54
91 − 9 =	82
81 − 6 =	75
71 − 8 =	63
31 − 5 =	26
21 − 7 =	14
41 − 2 =	39

Falte – rechne – falte zurück – prüfe!

Faltlinie

31 − 4 = ____   27

51 − 3 = ____   48

41 − 4 = ____   37

21 − 5 = ____   16

61 − 3 = ____   58

81 − 5 = ____   76

71 − 4 = ____   67

41 − 6 = ____   35

31 − 6 = ____   25

71 − 2 = ____   69

51 − 5 = ____   46

91 − 6 = ____   85

61 − 5 = ____   56

81 − 3 = ____   78

Einer mit Zehnerübergang

Falte – rechne – falte zurück – prüfe!

Faltlinie

61 − 7 = ____   54

31 − 9 = ____   22

51 − 8 = ____   43

41 − 6 = ____   35

81 − 9 = ____   72

41 − 7 = ____   34

71 − 8 = ____   63

51 − 2 = ____   49

81 − 8 = ____   73

91 − 7 = ____   84

31 − 8 = ____   23

71 − 6 = ____   65

91 − 9 = ____   82

61 − 5 = ____   56

Einer mit Zehnerübergang

Decke die graue Spalte ab und übe!

12 − 3 =	9
22 − 3 =	19
42 − 3 =	39
72 − 3 =	69
12 − 4 =	8
32 − 4 =	28
62 − 4 =	58
92 − 4 =	88
12 − 5 =	7
22 − 5 =	17
52 − 5 =	47
72 − 5 =	67

42 − 3 =	39
32 − 4 =	28
52 − 3 =	49
22 − 4 =	18
32 − 5 =	27
42 − 4 =	38
82 − 3 =	79
62 − 5 =	57
52 − 4 =	48
82 − 5 =	77
92 − 3 =	89
92 − 5 =	87

Einer mit Zehnerübergang

Decke die graue Spalte ab und übe!

12 − 6 =	6
22 − 6 =	16
42 − 6 =	36
72 − 6 =	66
82 − 6 =	76
92 − 6 =	86
12 − 7 =	5
22 − 7 =	15
32 − 7 =	25
42 − 7 =	35
62 − 7 =	55
82 − 7 =	75

52 − 6 =	46
22 − 7 =	15
42 − 7 =	35
62 − 6 =	56
32 − 6 =	26
82 − 7 =	75
72 − 6 =	66
92 − 7 =	85
72 − 7 =	65
52 − 7 =	45
42 − 6 =	36
62 − 6 =	56

Einer mit Zehnerübergang

Decke die graue Spalte ab und übe!

22 − 3 =	19
42 − 5 =	37
52 − 4 =	48
32 − 7 =	25
82 − 6 =	76
62 − 3 =	59
92 − 6 =	86
62 − 4 =	58
72 − 6 =	66
22 − 7 =	15
32 − 5 =	27
42 − 7 =	35

12 − 8 =	4
22 − 8 =	14
42 − 8 =	34
72 − 8 =	64
82 − 8 =	74
92 − 8 =	84
12 − 9 =	3
22 − 9 =	13
32 − 9 =	23
52 − 9 =	43
62 − 9 =	53
82 − 9 =	73

Einer mit Zehnerübergang

Decke die graue Spalte ab und übe!

52 − 8 =	44
22 − 9 =	13
42 − 9 =	33
62 − 8 =	54
32 − 8 =	24
82 − 9 =	73
72 − 8 =	64
92 − 8 =	84
32 − 9 =	23
52 − 9 =	43
72 − 9 =	63
42 − 8 =	34

92 − 7 =	85
92 − 5 =	87
42 − 5 =	37
42 − 7 =	35
72 − 8 =	64
72 − 4 =	68
62 − 4 =	58
62 − 8 =	54
52 − 3 =	49
52 − 9 =	43
82 − 9 =	73
82 − 3 =	79

Falte – rechne – falte zurück – prüfe!

Faltlinie

42 − 6 = ____   36

32 − 7 = ____   25

72 − 9 = ____   63

52 − 8 = ____   44

22 − 6 = ____   16

42 − 7 = ____   35

32 − 8 = ____   24

52 − 6 = ____   46

42 − 9 = ____   33

92 − 7 = ____   85

62 − 7 = ____   55

82 − 8 = ____   74

82 − 7 = ____   75

92 − 8 = ____   84

Einer mit Zehnerübergang

Falte – rechne – falte zurück – prüfe!

Faltlinie

62 − 3 = _____   59

52 − 9 = _____   43

32 − 4 = _____   28

92 − 8 = _____   84

82 − 5 = _____   77

62 − 7 = _____   55

42 − 6 = _____   36

92 − 4 = _____   88

42 − 3 = _____   39

72 − 5 = _____   67

52 − 7 = _____   45

72 − 4 = _____   68

82 − 8 = _____   74

72 − 9 = _____   63

Decke die graue Spalte ab und übe!

13 − 4 =	9
43 − 4 =	39
53 − 4 =	49
83 − 4 =	79
13 − 5 =	8
23 − 5 =	18
53 − 5 =	48
63 − 5 =	58
13 − 6 =	7
43 − 6 =	37
73 − 6 =	67
93 − 6 =	87

23 − 5 =	18
43 − 6 =	37
33 − 4 =	29
53 − 5 =	48
93 − 6 =	87
73 − 4 =	69
83 − 4 =	79
23 − 6 =	17
73 − 5 =	68
33 − 6 =	27
63 − 4 =	59
43 − 5 =	38

Einer mit Zehnerübergang

Decke die graue Spalte ab und übe!

13 − 7 =	6
33 − 7 =	26
53 − 7 =	46
83 − 7 =	76
13 − 8 =	5
43 − 8 =	35
53 − 8 =	45
63 − 8 =	55
13 − 9 =	4
73 − 9 =	64
83 − 9 =	74
93 − 9 =	84

23 − 8 =	15
43 − 7 =	36
83 − 9 =	74
43 − 8 =	35
33 − 7 =	26
53 − 9 =	44
73 − 7 =	66
53 − 8 =	45
73 − 9 =	64
93 − 9 =	84
83 − 7 =	76
63 − 8 =	55

Falte – rechne – falte zurück – prüfe!

Faltlinie

43 − 6 = ____   37

33 − 7 = ____   26

73 − 7 = ____   66

53 − 6 = ____   47

93 − 5 = ____   88

43 − 8 = ____   35

33 − 5 = ____   28

53 − 8 = ____   45

43 − 7 = ____   36

23 − 6 = ____   17

63 − 7 = ____   56

83 − 6 = ____   77

83 − 5 = ____   78

93 − 8 = ____   85

Einer mit Zehnerübergang

Falte – rechne – falte zurück – prüfe!

Faltlinie

63 – 6 = ____	57
73 – 5 = ____	68
53 – 4 = ____	49
83 – 6 = ____	77
83 – 9 = ____	74
33 – 8 = ____	25
73 – 7 = ____	66
63 – 9 = ____	54
43 – 6 = ____	37
23 – 8 = ____	15
43 – 4 = ____	39
53 – 9 = ____	44
93 – 7 = ____	86
93 – 5 = ____	88

Einer mit Zehnerübergang

Decke die graue Spalte ab und übe!

14 − 5 =	9
34 − 5 =	29
54 − 5 =	49
64 − 5 =	59
14 − 6 =	8
24 − 6 =	18
54 − 6 =	48
74 − 6 =	68
14 − 7 =	7
24 − 7 =	17
34 − 7 =	27
54 − 7 =	47

44 − 6 =	38
34 − 5 =	29
54 − 7 =	47
24 − 5 =	19
34 − 6 =	28
84 − 5 =	79
94 − 7 =	87
64 − 6 =	58
44 − 5 =	39
84 − 7 =	77
64 − 7 =	57
84 − 6 =	78

Einer mit Zehnerübergang

Decke die graue Spalte ab und übe!

14 − 8 =	6
24 − 8 =	16
44 − 8 =	36
74 − 8 =	66
14 − 9 =	5
34 − 9 =	25
54 − 9 =	45
64 − 9 =	55
64 − 8 =	56
74 − 9 =	65
84 − 8 =	76
94 − 9 =	85

34 − 6 =	28
34 − 8 =	26
54 − 6 =	48
54 − 8 =	46
34 − 9 =	25
34 − 5 =	29
64 − 7 =	57
94 − 7 =	87
84 − 8 =	76
94 − 6 =	88
84 − 5 =	79
64 − 9 =	55

Falte – rechne – falte zurück – prüfe!

Faltlinie

24 – 5 = ____   19

24 – 9 = ____   15

34 – 6 = ____   28

54 – 8 = ____   46

44 – 7 = ____   37

24 – 8 = ____   16

64 – 6 = ____   58

84 – 5 = ____   79

74 – 9 = ____   65

84 – 7 = ____   77

54 – 9 = ____   45

24 – 8 = ____   16

94 – 6 = ____   88

84 – 8 = ____   76

Einer mit Zehnerübergang

Einer mit Zehnerübergang

Falte – rechne – falte zurück – prüfe!

Faltlinie

54 − 5 = ____   49

53 − 5 = ____   48

74 − 6 = ____   68

73 − 6 = ____   67

23 − 7 = ____   16

24 − 8 = ____   16

93 − 5 = ____   88

94 − 5 = ____   89

94 − 8 = ____   86

93 − 8 = ____   85

84 − 7 = ____   77

63 − 7 = ____   56

93 − 8 = ____   85

94 − 7 = ____   87

Einer mit Zehnerübergang

Decke die graue Spalte ab und übe!

15 − 6 =	9
35 − 6 =	29
45 − 6 =	39
65 − 6 =	59
15 − 7 =	8
25 − 7 =	18
55 − 7 =	48
85 − 7 =	78
15 − 8 =	7
35 − 8 =	27
55 − 8 =	47
75 − 8 =	67

15 − 8 =	7
15 − 7 =	8
35 − 6 =	29
45 − 7 =	38
45 − 8 =	37
55 − 6 =	49
65 − 8 =	57
65 − 7 =	58
55 − 8 =	47
95 − 6 =	89
95 − 7 =	88
95 − 8 =	87

Einer mit Zehnerübergang

Decke die graue Spalte ab und übe!

15 − 9 =	6
25 − 9 =	16
45 − 9 =	36
55 − 9 =	46
63 − 9 =	54
95 − 9 =	86
72 − 9 =	63
35 − 9 =	26
53 − 9 =	44
74 − 9 =	65
81 − 9 =	72
95 − 9 =	86

35 − 8 =	27
24 − 7 =	17
35 − 7 =	28
24 − 8 =	16
95 − 6 =	89
93 − 6 =	87
93 − 8 =	85
72 − 7 =	65
63 − 7 =	56
41 − 8 =	33
24 − 6 =	18
32 − 8 =	24

Einer mit Zehnerübergang

Decke die graue Spalte ab und übe!

16 − 7 =	9
36 − 7 =	29
56 − 7 =	49
96 − 7 =	89
16 − 8 =	8
26 − 8 =	18
66 − 8 =	58
56 − 8 =	48
16 − 9 =	7
36 − 9 =	27
76 − 9 =	67
86 − 9 =	77

26 − 8 =	18
46 − 9 =	37
56 − 7 =	49
16 − 8 =	8
36 − 9 =	27
76 − 7 =	69
66 − 9 =	57
96 − 7 =	89
56 − 8 =	48
76 − 7 =	69
96 − 9 =	87
46 − 8 =	38

Einer mit Zehnerübergang

Decke die graue Spalte ab und übe!

17 − 8 =	9
27 − 8 =	19
37 − 8 =	29
57 − 8 =	49
17 − 9 =	8
47 − 9 =	38
57 − 9 =	48
97 − 9 =	88
18 − 9 =	9
58 − 9 =	49
68 − 9 =	59
88 − 9 =	79

56 − 8 =	48
56 − 7 =	49
56 − 9 =	47
57 − 8 =	49
47 − 9 =	38
76 − 9 =	67
96 − 8 =	88
96 − 9 =	87
86 − 7 =	79
87 − 9 =	78
58 − 9 =	49
67 − 8 =	59

Einer mit Zehnerübergang

Falte – rechne – falte zurück – prüfe!

Faltlinie

35 − 6 = ____	29
35 − 9 = ____	26
96 − 7 = ____	89
96 − 9 = ____	87
47 − 8 = ____	39
47 − 9 = ____	38
85 − 7 = ____	78
85 − 8 = ____	77
18 − 9 = ____	9
27 − 9 = ____	18
36 − 9 = ____	27
56 − 8 = ____	48
65 − 7 = ____	58
65 − 8 = ____	57

Einer mit Zehnerübergang

Falte – rechne – falte zurück – prüfe!

Faltlinie

27 − 9 = _____ | 18

45 − 9 = _____ | 36

35 − 7 = _____ | 28

56 − 7 = _____ | 49

65 − 8 = _____ | 57

65 − 7 = _____ | 58

56 − 8 = _____ | 48

36 − 9 = _____ | 27

25 − 8 = _____ | 17

98 − 9 = _____ | 89

35 − 8 = _____ | 27

95 − 6 = _____ | 89

36 − 8 = _____ | 28

95 − 7 = _____ | 88

Rechenketten

Einer mit Zehnerübergang

30 −3 ☐ −3 ☐ −3 ☐ −3 ☐ −3 **15**

15 −3 ☐ −3 ☐ −3 ☐ −3 ☐ −3 **0**

40 −4 ☐ −4 ☐ −4 ☐ −4 ☐ −4 **20**

20 −4 ☐ −4 ☐ −4 ☐ −4 ☐ −4 **0**

60 −6 ☐ −6 ☐ −6 ☐ −6 ☐ −6 **30**

30 −6 ☐ −6 ☐ −6 ☐ −6 ☐ −6 **0**

90 −9 ☐ −9 ☐ −9 ☐ −9 ☐ −9 **45**

45 −9 ☐ −9 ☐ −9 ☐ −9 ☐ −9 **0**

Einer mit Zehnerübergang

Rechenketten

| 71 | −4 | | −6 | | −4 | | −6 | | −4 | 47 |

| 91 | −7 | | −3 | | −7 | | −3 | | −7 | 64 |

| 83 | −7 | | −3 | | −7 | | −3 | | −7 | 56 |

| 74 | −6 | | −4 | | −6 | | −4 | | −6 | 48 |

| 95 | −8 | | −2 | | −8 | | −2 | | −8 | 67 |

| 51 | −8 | | −2 | | −8 | | −2 | | −8 | 23 |

| 64 | −6 | | −2 | | −8 | | −2 | | −8 | 38 |

| 25 | −7 | | −3 | | −7 | | −3 | | −5 | 0 |

Zehner subtrahieren

Decke die graue Spalte ab und übe!

100 − 10 =	90
90 − 10 =	80
80 − 10 =	70
70 − 10 =	60
60 − 10 =	50
50 − 10 =	40
40 − 10 =	30
30 − 10 =	20
20 − 10 =	10
10 − 10 =	0

30 − 10 =	20
80 − 10 =	70
40 − 10 =	30
90 − 10 =	80
60 − 10 =	50
100 − 10 =	90
80 − 10 =	70
50 − 10 =	40
90 − 10 =	80
70 − 10 =	60
100 − 10 =	90
80 − 10 =	70

Zehner subtrahieren

Decke die graue Spalte ab und übe!

5 – 2 =	3
50 – 20 =	30
7 – 2 =	5
70 – 20 =	50
6 – 2 =	4
60 – 20 =	40
8 – 2 =	6
80 – 20 =	60
9 – 2 =	7
90 – 20 =	70
10 – 2 =	8
100 – 20 =	80

30 – 20 =	10
40 – 20 =	20
30 – 20 =	10
50 – 20 =	30
40 – 20 =	20
60 – 20 =	40
80 – 20 =	60
40 – 20 =	20
90 – 20 =	70
70 – 20 =	50
100 – 20 =	80
90 – 20 =	70

Zehner subtrahieren

Decke die graue Spalte ab und übe!

6 − 3 =	3
60 − 30 =	30
7 − 3 =	4
70 − 30 =	40
5 − 3 =	2
50 − 30 =	20
8 − 3 =	5
80 − 30 =	50
10 − 3 =	7
100 − 30 =	70
9 − 3 =	6
90 − 30 =	60

70 − 30 =	40
60 − 30 =	30
90 − 30 =	60
70 − 30 =	40
80 − 30 =	50
100 − 30 =	70
90 − 30 =	60
50 − 30 =	20
90 − 30 =	60
80 − 30 =	50
100 − 30 =	70
60 − 30 =	30

Zehner subtrahieren

Decke die graue Spalte ab und übe!

6 − 4 =	2
60 − 40 =	20
7 − 4 =	3
70 − 40 =	30
5 − 4 =	1
50 − 40 =	10
9 − 4 =	5
90 − 40 =	50
8 − 4 =	4
80 − 40 =	40
10 − 4 =	6
100 − 40 =	60

50 − 40 =	10
100 − 40 =	60
60 − 40 =	20
90 − 40 =	50
70 − 40 =	30
80 − 40 =	40
50 − 40 =	10
70 − 40 =	30
100 − 40 =	60
90 − 40 =	50
60 − 40 =	20
80 − 40 =	40

Zehner subtrahieren

Falte – rechne – falte zurück – prüfe!

Faltlinie

70 – 30 = _____	40
70 – 10 = _____	60
90 – 20 = _____	70
60 – 20 = _____	40
100 – 30 = _____	70
70 – 20 = _____	50
100 – 20 = _____	80
90 – 30 = _____	60
100 – 10 = _____	90
80 – 30 = _____	50
50 – 20 = _____	30
80 – 20 = _____	60
90 – 10 = _____	80
40 – 20 = _____	20

Zehner subtrahieren

Falte – rechne – falte zurück – prüfe!

Faltlinie

100 − 40 = _____		60
80 − 30 = _____		50
70 − 40 = _____		30
90 − 40 = _____		50
60 − 30 = _____		30
100 − 30 = _____		70
60 − 40 = _____		20
80 − 40 = _____		40
80 − 20 = _____		60
50 − 30 = _____		20
100 − 40 = _____		60
50 − 40 = _____		10
70 − 30 = _____		40
80 − 30 = _____		50

Zehner subtrahieren

Decke die graue Spalte ab und übe!

6 − 5 =	1
60 − 50 =	10
7 − 5 =	2
70 − 50 =	20
10 − 5 =	5
100 − 50 =	50
8 − 5 =	3
80 − 50 =	30
9 − 5 =	4
90 − 50 =	40
70 − 50 =	20
80 − 50 =	30

60 − 50 =	10
90 − 50 =	40
70 − 50 =	20
80 − 50 =	30
100 − 50 =	50
90 − 50 =	40
70 − 50 =	20
100 − 50 =	50
60 − 50 =	10
80 − 50 =	30
70 − 50 =	20
90 − 50 =	40

Zehner subtrahieren

Decke die graue Spalte ab und übe!

7 − 6 =	1
70 − 60 =	10
9 − 6 =	3
90 − 60 =	30
8 − 6 =	2
80 − 60 =	20
10 − 6 =	4
100 − 60 =	40
80 − 60 =	20
70 − 60 =	10
90 − 60 =	30
100 − 60 =	40

80 − 60 =	20
60 − 60 =	0
90 − 60 =	30
70 − 60 =	10
100 − 60 =	40
80 − 60 =	20
70 − 60 =	10
90 − 60 =	30
100 − 60 =	40
80 − 60 =	20
70 − 60 =	10
90 − 60 =	30

Zehner subtrahieren

Decke die graue Spalte ab und übe!

8 − 7 =	1
80 − 70 =	10
10 − 7 =	3
100 − 70 =	30
9 − 7 =	2
90 − 70 =	20
80 − 70 =	10
100 − 70 =	30
90 − 70 =	20
80 − 70 =	10
100 − 70 =	30
90 − 70 =	20

100 − 70 =	30
100 − 60 =	40
90 − 70 =	20
90 − 50 =	40
80 − 70 =	10
100 − 70 =	30
100 − 40 =	60
90 − 70 =	20
100 − 50 =	50
90 − 60 =	30
80 − 70 =	10
80 − 50 =	30

Zehner subtrahieren

Decke die graue Spalte ab und übe!

10 − 9 =	1
100 − 90 =	10
10 − 8 =	2
100 − 80 =	20
9 − 8 =	1
90 − 80 =	10
100 − 60 =	40
100 − 80 =	20
100 − 50 =	50
100 − 90 =	10
100 − 70 =	30
90 − 80 =	10

90 − 50 =	40
100 − 80 =	20
80 − 30 =	50
90 − 60 =	30
60 − 20 =	40
70 − 40 =	30
90 − 80 =	10
90 − 70 =	20
80 − 50 =	30
70 − 50 =	20
60 − 30 =	30
100 − 90 =	10

Zehner subtrahieren

Falte – rechne – falte zurück – prüfe!

Faltlinie

100 − 60 = _____ | 40

80 − 60 = _____ | 20

100 − 70 = _____ | 30

80 − 70 = _____ | 10

100 − 80 = _____ | 20

90 − 60 = _____ | 30

90 − 70 = _____ | 20

90 − 80 = _____ | 10

90 − 50 = _____ | 40

70 − 60 = _____ | 10

100 − 50 = _____ | 50

100 − 90 = _____ | 10

100 − 70 = _____ | 30

90 − 70 = _____ | 20

Zehner subtrahieren

Falte – rechne – falte zurück – prüfe!

Faltlinie

100 − 80 = ____	20
90 − 60 = ____	30
90 − 40 = ____	50
70 − 60 = ____	10
100 − 70 = ____	30
90 − 70 = ____	20
90 − 80 = ____	10
100 − 60 = ____	40
80 − 50 = ____	30
90 − 70 = ____	20
100 − 70 = ____	30
80 − 70 = ____	10
100 − 90 = ____	10
80 − 60 = ____	20

Zehner subtrahieren

Decke die graue Spalte ab und übe!

30 − 10 =	20
34 − 10 =	24
36 − 10 =	26
40 − 10 =	30
42 − 10 =	32
45 − 10 =	35
60 − 10 =	50
63 − 10 =	53
68 − 10 =	58
50 − 10 =	40
55 − 10 =	45
59 − 10 =	49

40 − 20 =	20
43 − 20 =	23
46 − 20 =	26
60 − 20 =	40
65 − 20 =	45
68 − 20 =	48
30 − 20 =	10
36 − 20 =	16
39 − 20 =	19
80 − 20 =	60
84 − 20 =	64
86 − 20 =	66

Zehner subtrahieren

Decke die graue Spalte ab und übe!

25 − 10 =	15
41 − 20 =	21
46 − 20 =	26
39 − 10 =	29
49 − 20 =	29
59 − 20 =	39
54 − 20 =	34
74 − 10 =	64
85 − 10 =	75
85 − 20 =	65
95 − 20 =	75
99 − 20 =	79

50 − 30 =	20
51 − 30 =	21
58 − 30 =	28
70 − 40 =	30
76 − 40 =	36
72 − 40 =	32
80 − 40 =	40
85 − 40 =	45
90 − 30 =	60
92 − 30 =	62
60 − 40 =	20
69 − 40 =	29

Zehner subtrahieren

Decke die graue Spalte ab und übe!

62 – 30 =	32
67 – 30 =	37
82 – 30 =	52
86 – 30 =	56
91 – 40 =	51
93 – 40 =	53
72 – 30 =	42
76 – 30 =	46
83 – 40 =	43
93 – 40 =	53
95 – 30 =	65
85 – 30 =	55

80 – 50 =	30
82 – 50 =	32
92 – 50 =	42
94 – 50 =	44
70 – 50 =	20
75 – 50 =	25
81 – 60 =	21
84 – 60 =	24
94 – 60 =	34
94 – 70 =	24
98 – 70 =	28
98 – 60 =	38

Zehner subtrahieren

Decke die graue Spalte ab und übe!

40 − 30 =	10
47 − 30 =	17
47 − 40 =	7
60 − 50 =	10
63 − 50 =	13
63 − 60 =	3
50 − 40 =	10
56 − 40 =	16
56 − 50 =	6
80 − 70 =	10
85 − 70 =	15
85 − 80 =	5

82 − 70 =	12
84 − 60 =	24
95 − 80 =	15
69 − 60 =	9
93 − 80 =	13
86 − 70 =	16
97 − 70 =	27
78 − 60 =	18
79 − 70 =	9
92 − 60 =	32
83 − 80 =	3
99 − 70 =	29

Falte – rechne – falte zurück – prüfe!

Zehner subtrahieren

Faltlinie

57 − 20 = _____ | 37

66 − 40 = _____ | 26

49 − 10 = _____ | 39

56 − 30 = _____ | 26

85 − 40 = _____ | 45

82 − 40 = _____ | 42

77 − 30 = _____ | 47

99 − 50 = _____ | 49

93 − 60 = _____ | 33

94 − 20 = _____ | 74

99 − 70 = _____ | 29

95 − 80 = _____ | 15

79 − 40 = _____ | 39

77 − 40 = _____ | 37

Falte – rechne – falte zurück – prüfe!

Faltlinie

39 − 20 = _____ | 19

34 − 30 = _____ | 4

73 − 20 = _____ | 53

77 − 50 = _____ | 27

94 − 80 = _____ | 14

87 − 40 = _____ | 47

69 − 50 = _____ | 19

69 − 60 = _____ | 9

78 − 60 = _____ | 18

87 − 80 = _____ | 7

92 − 50 = _____ | 42

89 − 10 = _____ | 79

95 − 70 = _____ | 25

99 − 60 = _____ | 39

Zehner und Einer subtrahieren

Lerne links, wie es geht – wiederhole rechts!

| Lernen | Wiederholen |

24 − 12 =

Zehner subtrahieren: 24 − 10 = 14
Einer subtrahieren: 14 − 2 = 12

24 − 12 =

24 − __ = __
__ − __ = __

---

35 − 12 =

Zehner subtrahieren: 35 − 10 = 25
Einer subtrahieren: 25 − 2 = 23

35 − 12 =

35 − __ = __
__ − __ = __

---

38 − 14 =

Zehner subtrahieren: 38 − 10 = 28
Einer subtrahieren: 28 − 4 = 24

38 − 14 =

38 − __ = __
__ − __ = __

---

45 − 12 =

Zehner subtrahieren: 45 − 10 = 35
Einer subtrahieren: 35 − 2 = 33

45 − 12 =

45 − __ = __
__ − __ = __

Zehner und Einer subtrahieren

Lerne links, wie es geht – wiederhole rechts!

Lernen | Wiederholen

46 − 21 =

Zehner subtrahieren: 46 − 20 = 26
Einer subtrahieren: 26 − 1 = 25

46 − 21 =

46 − ___ = ___
___ − ___ = ___

---

49 − 24 =

Zehner subtrahieren: 49 − 20 = 29
Einer subtrahieren: 29 − 4 = 25

49 − 24 =

49 − ___ = ___
___ − ___ = ___

---

36 − 25 =

Zehner subtrahieren: 36 − 20 = 16
Einer subtrahieren: 16 − 5 = 11

36 − 25 =

36 − ___ = ___
___ − ___ = ___

---

56 − 32 =

Zehner subtrahieren: 56 − 30 = 26
Einer subtrahieren: 26 − 2 = 24

56 − 32 =

56 − ___ = ___
___ − ___ = ___

Zehner und Einer subtrahieren

Falte – rechne – falte zurück – prüfe!

Faltlinie

25 − 12 = ___
___ − ___ = ___
___ − ___ = ___

25 − 12 = 13
25 − 10 = 15
15 − 2 = 13

36 − 13 = ___
___ − ___ = ___
___ − ___ = ___

36 − 13 = 23
36 − 10 = 26
26 − 3 = 23

37 − 12 = ___
___ − ___ = ___
___ − ___ = ___

37 − 12 = 25
37 − 10 = 27
27 − 2 = 25

46 − 12 = ___
___ − ___ = ___
___ − ___ = ___

46 − 12 = 34
46 − 10 = 36
36 − 2 = 34

48 − 14 = ___
___ − ___ = ___
___ − ___ = ___

48 − 14 = 34
48 − 10 = 38
38 − 4 = 34

Zehner und Einer subtrahieren

Falte – rechne – falte zurück – prüfe!

Faltlinie

58 – 16 = ___

___ – ___ = ___
___ – ___ = ___

58 – 16 = 42

58 – 10 = 48
48 – 6 = 42

76 – 14 = ___

___ – ___ = ___
___ – ___ = ___

76 – 14 = 62

76 – 10 = 66
66 – 4 = 62

83 – 12 = ___

___ – ___ = ___
___ – ___ = ___

83 – 12 = 71

83 – 10 = 73
73 – 2 = 71

69 – 13 = ___

___ – ___ = ___
___ – ___ = ___

69 – 13 = 56

69 – 10 = 59
59 – 3 = 56

98 – 15 = ___

___ – ___ = ___
___ – ___ = ___

98 – 15 = 83

98 – 10 = 88
88 – 5 = 83

Zehner und Einer subtrahieren

Falte – rechne – falte zurück – prüfe!

Faltlinie

76 − 15 = ___
___ − ___ = ___
___ − ___ = ___

76 − 15 = 61
76 − 10 = 66
66 − 5 = 61

78 − 12 = ___
___ − ___ = ___
___ − ___ = ___

78 − 12 = 66
78 − 10 = 68
68 − 2 = 66

49 − 16 = ___
___ − ___ = ___
___ − ___ = ___

49 − 16 = 33
49 − 10 = 39
39 − 6 = 33

98 − 18 = ___
___ − ___ = ___
___ − ___ = ___

98 − 18 = 80
98 − 10 = 88
88 − 8 = 80

89 − 18 = ___
___ − ___ = ___
___ − ___ = ___

89 − 18 = 71
89 − 10 = 79
79 − 8 = 71

Zehner und Einer subtrahieren

Falte – rechne – falte zurück – prüfe!

Faltlinie

69 – 18 = ___
___ – ___ = ___
___ – ___ = ___

69 – 18 = 51
69 – 10 = 59
59 – 8 = 51

75 – 15 = ___
___ – ___ = ___
___ – ___ = ___

75 – 15 = 60
75 – 10 = 65
65 – 5 = 60

97 – 13 = ___
___ – ___ = ___
___ – ___ = ___

97 – 13 = 84
97 – 10 = 87
87 – 3 = 84

94 – 14 = ___
___ – ___ = ___
___ – ___ = ___

94 – 14 = 80
94 – 10 = 84
84 – 4 = 80

99 – 18 = ___
___ – ___ = ___
___ – ___ = ___

99 – 18 = 81
99 – 10 = 89
89 – 8 = 81

Zehner und Einer subtrahieren

Falte – rechne – falte zurück – prüfe!

Faltlinie

26 – 12 = _____   14

37 – 12 = _____   25

44 – 12 = _____   32

69 – 12 = _____   57

36 – 13 = _____   23

88 – 13 = _____   75

76 – 12 = _____   64

68 – 14 = _____   54

85 – 13 = _____   72

75 – 12 = _____   63

95 – 13 = _____   82

99 – 12 = _____   87

Zehner und Einer subtrahieren

Falte – rechne – falte zurück – prüfe!

Faltlinie

49 − 15 = _____   34

69 − 19 = _____   50

78 − 16 = _____   62

47 − 15 = _____   32

49 − 14 = _____   35

59 − 16 = _____   43

84 − 14 = _____   70

69 − 17 = _____   52

67 − 14 = _____   53

78 − 18 = _____   60

48 − 13 = _____   35

58 − 15 = _____   43

Zehner und Einer subtrahieren

Falte – rechne – falte zurück – prüfe!

Faltlinie

54 − 23 = ___
___ − ___ = ___
___ − ___ = ___

54 − 23 = 31
54 − 20 = 34
34 − 3 = 31

46 − 32 = ___
___ − ___ = ___
___ − ___ = ___

46 − 32 = 14
46 − 30 = 16
16 − 2 = 14

48 − 35 = ___
___ − ___ = ___
___ − ___ = ___

48 − 35 = 13
48 − 30 = 18
18 − 5 = 13

59 − 42 = ___
___ − ___ = ___
___ − ___ = ___

59 − 42 = 17
59 − 40 = 19
19 − 2 = 17

56 − 23 = ___
___ − ___ = ___
___ − ___ = ___

56 − 23 = 33
56 − 20 = 36
36 − 3 = 33

Zehner und Einer subtrahieren

Falte – rechne – falte zurück – prüfe!

Faltlinie

55 − 43 = ___
___ − ___ = ___
___ − ___ = ___

55 − 43 = 12
55 − 40 = 15
15 − 3 = 12

87 − 43 = ___
___ − ___ = ___
___ − ___ = ___

87 − 43 = 44
87 − 40 = 47
47 − 3 = 44

56 − 32 = ___
___ − ___ = ___
___ − ___ = ___

56 − 32 = 24
56 − 30 = 26
26 − 2 = 24

67 − 46 = ___
___ − ___ = ___
___ − ___ = ___

67 − 46 = 21
67 − 40 = 27
27 − 6 = 21

95 − 53 = ___
___ − ___ = ___
___ − ___ = ___

95 − 53 = 42
95 − 50 = 45
45 − 3 = 42

Zehner und Einer subtrahieren

Falte – rechne – falte zurück – prüfe!

Faltlinie

75 − 24 = ___
___ − ___ = ___
___ − ___ = ___

75 − 24 = 51
75 − 20 = 55
55 − 4 = 51

69 − 35 = ___
___ − ___ = ___
___ − ___ = ___

69 − 35 = 34
69 − 30 = 39
39 − 5 = 34

74 − 24 = ___
___ − ___ = ___
___ − ___ = ___

74 − 24 = 50
74 − 20 = 54
54 − 4 = 50

85 − 53 = ___
___ − ___ = ___
___ − ___ = ___

85 − 53 = 32
85 − 50 = 35
35 − 3 = 32

89 − 45 = ___
___ − ___ = ___
___ − ___ = ___

89 − 45 = 44
89 − 40 = 49
49 − 5 = 44

Zehner und Einer subtrahieren

Falte – rechne – falte zurück – prüfe!

Faltlinie

96 − 46 = ___
___ − ___ = ___
___ − ___ = ___

96 − 46 = 50
96 − 40 = 56
56 − 6 = 50

99 − 76 = ___
___ − ___ = ___
___ − ___ = ___

99 − 76 = 23
99 − 70 = 29
29 − 6 = 23

88 − 76 = ___
___ − ___ = ___
___ − ___ = ___

88 − 76 = 12
88 − 70 = 18
18 − 6 = 12

76 − 54 = ___
___ − ___ = ___
___ − ___ = ___

76 − 54 = 22
76 − 50 = 26
26 − 4 = 22

89 − 54 = ___
___ − ___ = ___
___ − ___ = ___

89 − 54 = 35
89 − 50 = 39
39 − 4 = 35

Zehner und Einer subtrahieren

Falte – rechne – falte zurück – prüfe!

Faltlinie

55 − 34 = _____	21
59 − 27 = _____	32
68 − 34 = _____	34
67 − 32 = _____	35
79 − 34 = _____	45
88 − 36 = _____	52
78 − 45 = _____	33
85 − 32 = _____	53
89 − 38 = _____	51
98 − 33 = _____	65
97 − 46 = _____	51
98 − 34 = _____	64

Zehner und Einer subtrahieren

Falte – rechne – falte zurück – prüfe!

Faltlinie

86 − 42 = _____   44

88 − 45 = _____   43

65 − 53 = _____   12

58 − 32 = _____   26

78 − 43 = _____   35

69 − 47 = _____   22

97 − 43 = _____   54

76 − 35 = _____   41

99 − 37 = _____   62

90 − 26 = _____   64

99 − 27 = _____   72

57 − 23 = _____   34

Zehner und Einer subtrahieren

Falte – rechne – falte zurück – prüfe!

Faltlinie

31 − 12 = ___

___ − ___ = ___

___ − ___ = ___

31 − 12 = 19

31 − 10 = 21

21 − 2 = 19

41 − 12 = ___

___ − ___ = ___

___ − ___ = ___

41 − 12 = 29

41 − 10 = 31

31 − 2 = 29

51 − 13 = ___

___ − ___ = ___

___ − ___ = ___

51 − 13 = 38

51 − 10 = 41

41 − 3 = 38

41 − 14 = ___

___ − ___ = ___

___ − ___ = ___

41 − 14 = 27

41 − 10 = 31

31 − 4 = 27

61 − 15 = ___

___ − ___ = ___

___ − ___ = ___

61 − 15 = 46

61 − 10 = 51

51 − 5 = 46

Zehner und Einer subtrahieren

Falte – rechne – falte zurück – prüfe!

Faltlinie

71 – 16 = ___

___ – ___ = ___
___ – ___ = ___

71 – 16 = 55
71 – 10 = 61
61 – 6 = 55

61 – 17 = ___

___ – ___ = ___
___ – ___ = ___

61 – 17 = 44
61 – 10 = 51
51 – 7 = 44

51 – 16 = ___

___ – ___ = ___
___ – ___ = ___

51 – 16 = 35
51 – 10 = 41
41 – 6 = 35

71 – 18 = ___

___ – ___ = ___
___ – ___ = ___

71 – 18 = 53
71 – 10 = 61
61 – 8 = 53

61 – 19 = ___

___ – ___ = ___
___ – ___ = ___

61 – 19 = 42
61 – 10 = 51
51 – 9 = 42

Zehner und Einer subtrahieren

Falte – rechne – falte zurück – prüfe!

Faltlinie

41 − 23 = ___
___ − ___ = ___
___ − ___ = ___

41 − 23 = 18
41 − 20 = 21
21 − 3 = 18

51 − 24 = ___
___ − ___ = ___
___ − ___ = ___

51 − 24 = 27
51 − 20 = 31
31 − 4 = 27

61 − 25 = ___
___ − ___ = ___
___ − ___ = ___

61 − 25 = 36
61 − 20 = 41
41 − 5 = 36

61 − 26 = ___
___ − ___ = ___
___ − ___ = ___

61 − 26 = 35
61 − 20 = 41
41 − 6 = 35

71 − 25 = ___
___ − ___ = ___
___ − ___ = ___

71 − 25 = 46
71 − 20 = 51
51 − 5 = 46

Zehner und Einer subtrahieren

Falte – rechne – falte zurück – prüfe!

Faltlinie

71 – 35 = ___
___ – ___ = ___
___ – ___ = ___

71 – 35 = 36
71 – 30 = 41
41 – 5 = 36

41 – 28 = ___
___ – ___ = ___
___ – ___ = ___

41 – 28 = 13
41 – 20 = 21
21 – 8 = 13

51 – 29 = ___
___ – ___ = ___
___ – ___ = ___

51 – 29 = 22
51 – 20 = 31
31 – 9 = 22

81 – 23 = ___
___ – ___ = ___
___ – ___ = ___

81 – 23 = 58
81 – 20 = 61
61 – 3 = 58

91 – 24 = ___
___ – ___ = ___
___ – ___ = ___

91 – 24 = 67
91 – 20 = 71
71 – 4 = 67

Zehner und Einer subtrahieren

Falte – rechne – falte zurück – prüfe!

Faltlinie

31 − 14 = ____   17

51 − 23 = ____   28

41 − 27 = ____   14

51 − 35 = ____   16

61 − 46 = ____   15

71 − 47 = ____   24

81 − 32 = ____   49

61 − 18 = ____   43

91 − 62 = ____   29

41 − 19 = ____   22

51 − 28 = ____   23

71 − 42 = ____   29

Zehner und Einer subtrahieren

Falte – rechne – falte zurück – prüfe!

Faltlinie

42 − 13 = _____ | 29

42 − 24 = _____ | 18

52 − 23 = _____ | 29

62 − 35 = _____ | 27

62 − 46 = _____ | 16

52 − 27 = _____ | 25

72 − 49 = _____ | 23

72 − 38 = _____ | 34

82 − 34 = _____ | 48

82 − 59 = _____ | 23

92 − 23 = _____ | 69

92 − 65 = _____ | 27

Falte – rechne – falte zurück – prüfe!

Faltlinie

43 − 14 = ____ | 29

43 − 25 = ____ | 18

63 − 24 = ____ | 39

53 − 15 = ____ | 38

63 − 36 = ____ | 27

83 − 46 = ____ | 37

83 − 57 = ____ | 26

73 − 37 = ____ | 36

73 − 59 = ____ | 14

93 − 18 = ____ | 75

93 − 59 = ____ | 34

53 − 28 = ____ | 25

Zehner und Einer subtrahieren

Falte – rechne – falte zurück – prüfe!

Faltlinie

24 − 15 = _____   9

34 − 16 = _____   18

44 − 15 = _____   29

54 − 26 = _____   28

54 − 37 = _____   17

64 − 27 = _____   37

64 − 38 = _____   26

74 − 28 = _____   46

74 − 49 = _____   25

84 − 39 = _____   45

84 − 28 = _____   56

94 − 59 = _____   35

Falte – rechne – falte zurück – prüfe!

Faltlinie

45 – 29 = _____   16

55 – 29 = _____   26

65 – 37 = _____   28

75 – 26 = _____   49

85 – 36 = _____   49

75 – 47 = _____   28

85 – 26 = _____   59

95 – 86 = _____   9

95 – 59 = _____   36

65 – 48 = _____   17

45 – 18 = _____   27

55 – 38 = _____   17

Zehner und Einer subtrahieren

Falte – rechne – falte zurück – prüfe!

Faltlinie

56 − 27 = _____   29

76 − 47 = _____   29

86 − 58 = _____   28

46 − 19 = _____   27

36 − 18 = _____   18

96 − 69 = _____   27

57 − 28 = _____   29

87 − 49 = _____   38

67 − 39 = _____   28

98 − 59 = _____   39

66 − 28 = _____   38

37 − 19 = _____   18

Zehner und Einer subtrahieren

Falte – rechne – falte zurück – prüfe!

Faltlinie

48 − 23 = _____ | 25

48 − 25 = _____ | 23

48 − 29 = _____ | 19

56 − 14 = _____ | 42

56 − 36 = _____ | 20

56 − 28 = _____ | 28

63 − 42 = _____ | 21

63 − 24 = _____ | 39

63 − 16 = _____ | 47

86 − 24 = _____ | 62

86 − 36 = _____ | 50

86 − 28 = _____ | 58

Zehner und Einer subtrahieren

Falte – rechne – falte zurück – prüfe!

Faltlinie

38 − 16 = _____	22
34 − 16 = _____	18
75 − 43 = _____	32
75 − 49 = _____	26
43 − 25 = _____	18
43 − 22 = _____	21
98 − 46 = _____	52
98 − 49 = _____	49
67 − 38 = _____	29
67 − 35 = _____	32
56 − 24 = _____	32
56 − 28 = _____	28

Sachaufgaben

a) Auf dem Baum sitzen 29 Vögel. 15 Vögel fliegen weg. Wie viele Vögel bleiben noch auf dem Baum?

Rechnung: _____

Antwort: _____

b) Die Bäckerin hat 37 Brote gebacken. 24 Brote hat sie schon verkauft. Wie viele Brote hat sie noch übrig?

Rechnung: _____

Antwort: _____

c) Bauer Müller hat 90 Kühe. 73 Kühe stehen auf der Weide, alle anderen im Stall. Wie viele Kühe stehen im Stall?

Rechnung: _____

Antwort: _____

d) In die Klasse 2a gehen 27 Kinder, 15 davon sind Mädchen. Wie viele Jungen gehen in die Klasse 2a?

Rechnung: _____

Antwort: _____

e). Helena möchte 50 Plätzchen ausstechen. 28 davon hat sie schon fertig. Wie viele Plätzchen muss sie noch ausstechen?

Rechnung: _____

Antwort: _____

a) 14 b) 13 c) 17 d) 12 e) 22

Zehner und Einer subtrahieren

Sachaufgaben

a) Moritz möchte 45 Nüsse knacken. 28 davon hat er schon geknackt. Wie viele sind noch übrig?

Rechnung: _____

Antwort: _____

b) Im Kino gibt es 80 Plätze. 56 Plätze sind schon belegt. Wie viele Plätze sind noch frei?

Rechnung: _____

Antwort: _____

c) Im Teich schwimmen rote und weiße Fische. Zusammen sind es 50 Fische, 37 davon sind weiß. Wie viele rote Fische sind im Teich?

Rechnung: _____

Antwort: _____

d) Jonas und Marie haben zusammen 83 Kastanien gesammelt. Jonas hat 39 Kastanien gefunden. Wie viele Kastanien hat Marie gefunden?

Rechnung: _____

Antwort: _____

e) Ariana möchte 45 Perlen auf eine Kette auffädeln. 29 Perlen hat sie schon aufgefädelt. Wie viele Perlen muss sie noch auffädeln?

Rechnung: _____

Antwort: _____

a) 17 b) 24 c) 13 d) 44 e) 16

Addition und Subtraktion gemischt

Falte – rechne – falte zurück – prüfe!

Faltlinie

37 + 12 = _____ | 49

37 − 12 = _____ | 25

49 + 12 = _____ | 61

49 − 12 = _____ | 37

43 − 24 = _____ | 19

43 + 24 = _____ | 67

16 + 43 = _____ | 59

96 − 43 = _____ | 53

54 − 14 = _____ | 40

54 + 14 = _____ | 68

36 − 25 = _____ | 11

36 + 25 = _____ | 61

Addition und Subtraktion gemischt

Falte – rechne – falte zurück – prüfe!

Faltlinie

48 − 12 = _____ 36

35 + 15 = _____ 50

55 + 32 = _____ 87

94 − 35 = _____ 59

85 − 54 = _____ 31

46 + 23 = _____ 69

48 − 36 = _____ 12

99 − 54 = _____ 45

26 + 34 = _____ 60

56 + 24 = _____ 80

78 − 36 = _____ 42

68 − 36 = _____ 32

Falte – rechne – falte zurück – prüfe!

Faltlinie

36 + 36 = _____ | 72

24 + 24 = _____ | 48

59 + 13 = _____ | 72

50 − 32 = _____ | 18

50 + 32 = _____ | 82

61 + 29 = _____ | 90

61 − 29 = _____ | 32

49 + 49 = _____ | 98

90 − 45 = _____ | 45

70 − 35 = _____ | 35

64 − 16 = _____ | 48

64 + 16 = _____ | 80

Addition und Subtraktion gemischt

Falte – rechne – falte zurück – prüfe!

Faltlinie

71 − 13 = _____   58

75 − 16 = _____   59

73 − 15 = _____   58

73 + 17 = _____   90

75 + 25 = _____   100

90 − 18 = _____   72

18 + 18 = _____   36

17 + 17 = _____   34

58 − 29 = _____   29

56 − 38 = _____   18

80 − 35 = _____   45

65 + 35 = _____   100

a) 37 € b) 30 € c) 38 € d) 42 € e) 65 €

Sachaufgaben

a) Mama kauft eine Jacke für 45 € und einen Schal für 12 €. Wie viel muss sie bezahlen?

   Rechnung: _____

   Antwort: _____

b) Opa kauft zwei Bücher. Das eine kostet 15 €, das andere 17 €. Wie viel muss er bezahlen?

   Rechnung: _____

   Antwort: _____

c) Mama kauft eine Hose für 63 €. Sie bezahlt mit einem 100-Euro-Schein. Wie viel Geld bekommt sie zurück?

   Rechnung: _____

   Antwort: _____

d) Maria hat schon 24 €. Zum Geburtstag bekommt sie noch 20 € geschenkt. Wie viel Geld hat Maria jetzt?

   Rechnung: _____

   Antwort: _____

e) Lukas kauft eine Jacke für 59 €. Er gibt der Verkäuferin zwei 50-Euro-Scheine. Wie viel Geld bekommt er zurück?

   Rechnung: _____

   Antwort: _____

a) 57 € b) 32 € c) 37 € d) 44 € e) 41 €

Addition und Subtraktion gemischt

Sachaufgaben

a) Papa kauft einen Pullover für 37 €. Er bezahlt mit einem 50-Euro-Schein. Wie viel Geld bekommt er zurück?

Rechnung: _____

Antwort: _____

b) Carlo kauft einen Ball für 13 € und Stifte für 7 €. Er bezahlt mit einem 20-Euro-Schein. Wie viel Geld bekommt er zurück?

Rechnung: _____

Antwort: _____

c) Stefan hat 10 €. Er gibt davon 6 € für Fußballbilder aus. Wie viel Geld hat er übrig?

Rechnung: _____

Antwort: _____

d) Oma kauft Tomaten für 4 € und Äpfel für 7 €. Sie gibt dem Verkäufer einen 20-Euro-Schein. Wie viel Geld bekommt sie zurück?

Rechnung: _____

Antwort: _____

e) Herr Müller kauft Nägel für 7 € und einen Hammer für 15 €. Er gibt der Verkäuferin 25 €. Wie viel Geld bekommt er zurück?

Rechnung: _____

Antwort: _____

a) 13 € b) 0 € c) 4 € d) 9 € e) 3 €

Addition und Subtraktion gemischt

Sachaufgaben

a) Im Stall sind 40 Tiere. 25 Tiere gehen nach draußen auf die Wiese. Wie viele Tiere bleiben im Stall?

Rechnung: _____

Antwort: _____

b) Auf der Wiese sind 20 Hühner, 17 Ziegen und 12 Kühe. Wie viele Tiere sind das zusammen?

Rechnung: _____

Antwort: _____

c) Auf der Wiese sind 40 Tiere. 13 davon sind Kühe, der Rest sind Schafe. Wie viele Schafe sind auf der Wiese?

Rechnung: _____

Antwort: _____

d) Auf der Wiese sitzen 39 Hasen. 15 Hasen sind schwarz. 12 Hasen sind braun. Alle anderen Hasen sind weiß. Wie viele Hasen sind weiß?

Rechnung: _____

Antwort: _____

e) Jens, Sofia und Anna haben zusammen 87 Kastanien gefunden. Jens und Sofia haben jeweils 27 Kastanien gefunden. Wie viele Kastanien hat Anna gefunden?

Rechnung: _____

Antwort: _____

a) 15 b) 49 c) 27 d) 12 e) 33

Addition und Subtraktion gemischt

Sachaufgaben

a) Im Bus sitzen 34 Leute. An der nächsten Haltestelle steigen 7 Männer und 12 Frauen aus. Wie viele Menschen bleiben im Bus?

Rechnung: _____

Antwort: _____

b) Auf dem Parkplatz stehen 14 weiße, 13 rote und 28 schwarze Autos. Wie viele Autos sind es insgesamt?

Rechnung: _____

Antwort: _____

c) Frau Ernst geht mit ihren beiden Kindern ins Kino. Der Eintritt kostet für Erwachsene 8 €, für Kinder 6 €. Wie viel muss Frau Ernst bezahlen?

Rechnung: _____

Antwort: _____

d) Lisas Buch hat 97 Seiten. Am ersten Tag liest Lisa 17 Seiten. Am zweiten Tag liest sie 14 Seiten. Wie viele Seiten kann sie noch lesen?

Rechnung: _____

Antwort: _____

10. Bäcker Schmidt möchte 100 Brezeln backen. Er hat schon 2 Bleche mit jeweils 25 Brezeln gebacken. Wie viele Brezeln muss er noch backen?

Rechnung: _____

Antwort: _____

a) 15 b) 55 c) 20 € d) 66 e) 50

Addition und Subtraktion gemischt

Zahlenmauern

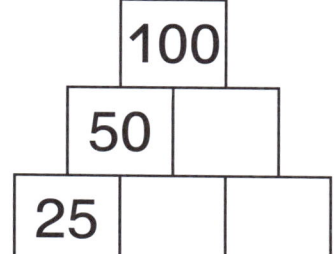 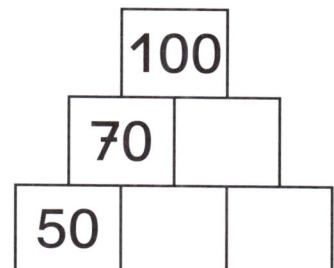 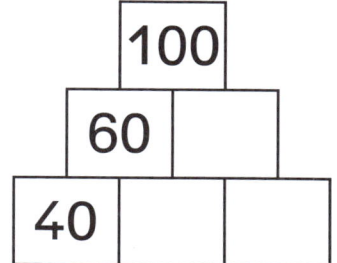

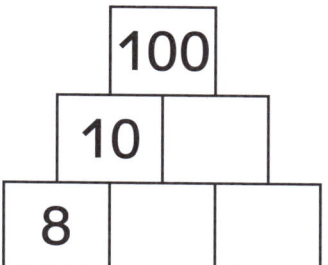 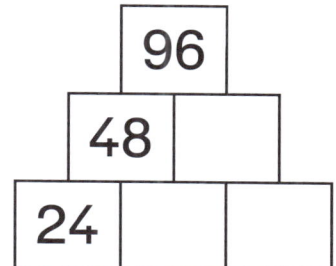 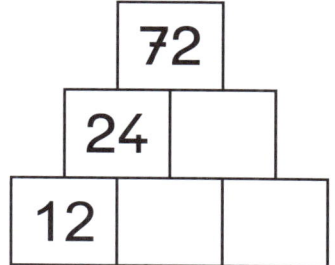

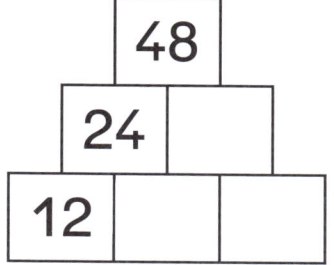 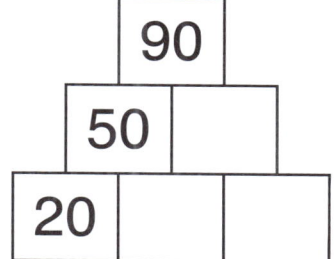 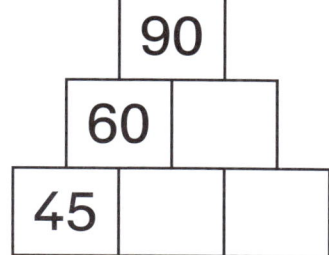

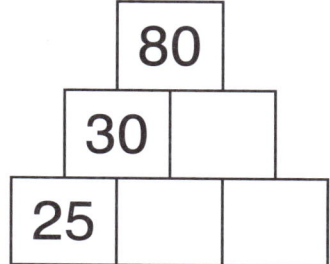 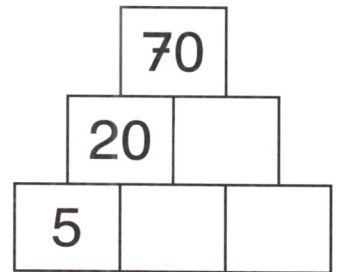 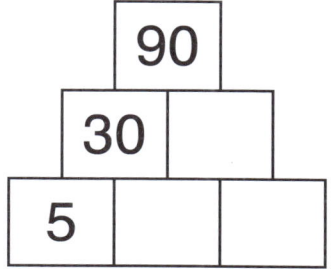

Addition und Subtraktion gemischt

Lösungen Zahlenmauern

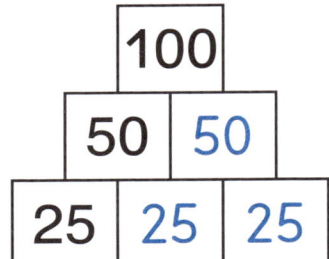
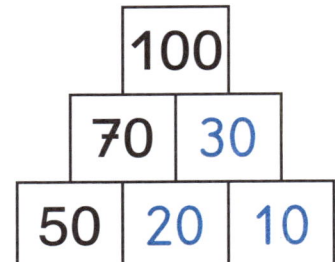
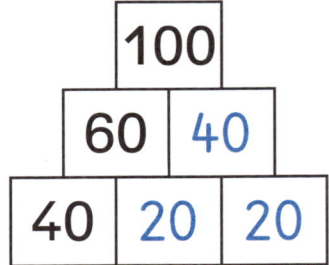
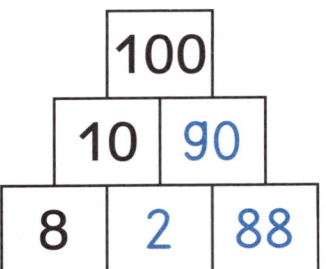
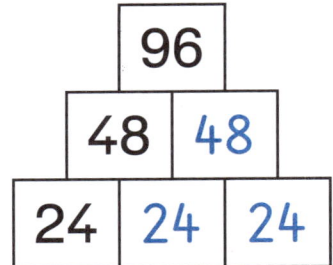
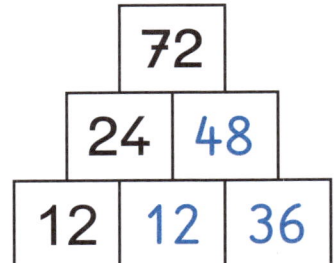
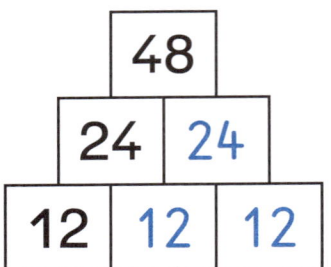
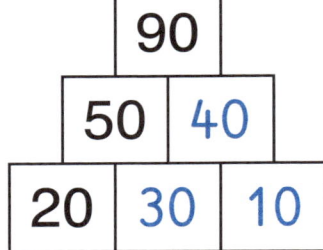
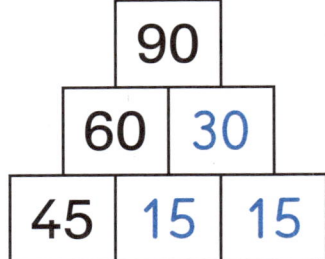
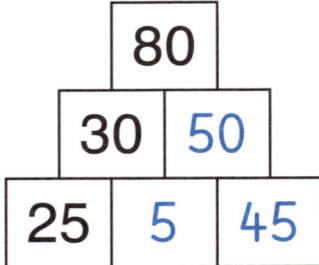
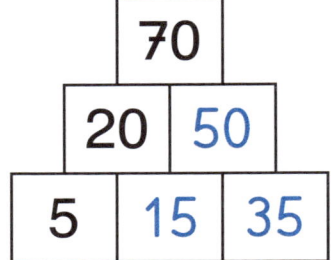
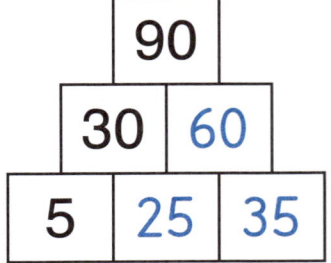